FLEURETIE.

BALLET PANTOMIME HISTORIQUE

EN DEUX ACTES,

par M. ANIEL.

REPRÉSENTÉ POUR LA PREMIÈRE FOIS, SUR LE GRAND-THÉATRE
DE BORDEUX, LE 11 MAI 1833.

Bordeaux,

TYPOGRAPHIE DE N. DUVIELLA, N.° II, FOSSÉS DE L'INTENDANCE.

1833.

DISTRIBUTION DE L'OUVRAGE.

PERSONNAGES.	ACTEURS.
HENRI DE BÉARN......................	Mlle *Louisa.*
FLORENT – CHRÉTIEN, gouverneur du Prince.....................	Mrs *Dauty.*
DAUBIGNÉ, envoyé de l'amira Coligny.	*Duchateau j.*
PLOQUET, bailli...................	*Brives.*
Michel, PLOQUET, son fils.........	*Robillon.*
MAURIN, jardinier du château	*Dutacq.*
FLEURETTE, fille de Maurin..........	Mlle *Clara.*
Garde champêtre...................	M. *Duchateau a.*

La scène se passe au château de Nérac.

ACTE PREMIER.

Le Théâtre représente les jardins du château de Nérac; tout y est préparé pour une fête.

SCÈNE PREMIÈRE.

Le père Ploquet, revêtu de ses insignes de première autorité du lieu, et escorté du garde champêtre, paraît faire une harangue au peuple. Le tambour bat, les cloches carillonnent.

Des sons de cor indiquent que le Prince chasse dans les environs.

SCÈNE II.

MAURIN, FLEURETTE, Michel PLOQUET,
PLUSIEURS JEUNES FILLES.

Fleurette, conduite par Maurin, son père, est précédée de ses jeunes compagnes; tout le monde l'entoure et salue son arrivée. On admire sa gentillesse, ses grâces et sa parure. Bientôt les jeux, interrompus un instant, recommencent avec plus de joie et d'activité.

SCÈNE III.

Les précédens, LE PRINCE DE BÉARN, LE PRÉ-
CEPTEUR DU PRINCE, suite nombreuse.

(Tous en habits de chasse.)

Maurin présente sa fille au jeune Prince, qui paraît surpris et émerveillé des grâces de Fleurette. Le père Ploquet,
toujours en qualité de première autorité, tire de sa poche
un épais manuscrit, se met en devoir de déclamer ; mais,
dès le commencement du discours, le Prince rit des grands
gestes de l'orateur, tourne le dos, s'éloigne, paraît se
mêler aux jeux des villageois, et revient involontairement
auprès de Fleurette. Bientôt le ridicule fonctionnaire lève
les yeux, s'aperçoit qu'il complimente le garde champêtre,
qui a pris machinalement la place du jeune Prince. Grand
désappointement du magistrat ; il repousse le manant avec
mépris, et afin de ramener l'attention du Prince sur ses
actions, il donne l'ordre de commencer l'exercice de l'arc.
Cet ordre est suivi d'une fanfare de trompettes.

Tout le monde s'approche et prend place.

Le jeune Henri de Béarn demande quel est le prix destiné au vainqueur. En apprenant que c'est le premier baiser
de l'innocente et gentille Fleurette, il félicite les heureux
concurrens, et paraît envier un prix aussi doux.

A quelques pas d'un gros arbre, on a planté un poteau
destiné à soutenir la plaque qui doit servir de but ; mais
Henri éloigne les hommes qui allaient placer la cible, en
faisant observer que, pour un tel prix, ce moyen, consacré
par l'usage, est beaucoup trop facile. Il saisit avec légè-
reté la rose attachée au corset de Fleurette, et, par son
ordre, un page la place sur une des branches.

Les arcs se tendent, plusieurs flèches sont lancées, pas
une n'atteint le but.

Le prince ne résiste plus à son penchant pour cet exercice. Henri propose à Michel Ploquet de tirer le premier ;

mais celui-ci s'incline et déclare que cet honneur appartient au Prince.

Henri arme son arc, sa flèche part, enlève la rose et se fixe avec elle au milieu d'un autre arbre placé derrière.

NOUVELLE FANFARE.

Henri est proclamé vainqueur ; il s'empare de la flèche, et, sans la séparer de la rose, vient la déposer dans les mains de Fleurette.

Il obtient le prix si désiré ; mais ce premier baiser de la naïve béarnaise est aussi le premier pour Henri ; son effet, est rapide et brûlant ; il allume dans ces deux cœurs vierges un feu sympathique qui donne à la figure des deux amans une expression nouvelle.

Ils échangent leurs secrets en échangeant leurs regards, et ils éprouvent, sans les définir, les premières impressions de l'amour.

Sur l'invitation du père Ploquet, qui s'est nommé maître des cérémonies, on improvise un trône pour le jeune Prince et des sièges pour sa suite. Le trône n'est point recouvert de pourpre ni de dorures ; il se compose de jeunes lauriers entrelacés, l'éclat de quelques fleurs en relève la verdure.

BALLET.

La fête est terminée, le jeune Prince et sa cour se retirent poursuivis par les saluts outrés du fonctionnaire et de sa famille. Les villageois se séparent au son des instrumens, et les tendres regards de Fleurette rencontrent encore une fois ceux du Prince de Navarre.

SCÈNE IV.

MAURIN, Michel PLOQUET, FLEURETTE.

Fleurette, sur le devant de la scène, et se croyant seule, tient toujours la rose et la flèche qu'elle a reçues du Prince. Elle contemple ces objets avec un plaisir mêlé d'inquiétude. Dans son abandon naïf, elle paraît interroger la rose sur les sentimens de Henri ; puis, satisfaite des réponses que rêve son imagination, Fleurette remercie par d'innocens baisers ces témoins muets de son délire.

Cependant quelques idées mélancoliques viennent troubler encore ses riantes illusions.

Pendant cet aparté, Michel Ploquet s'est emparé de Maurin, immédiatement après qu'il a reconduit le Prince. Il lui peint son amour pour Fleurette, et exprime le plus éloquemment qu'il lui est possible, son désir de l'épouser. Maurin n'y voit aucun obstacle ; mais ne voulant pas contraindre sa fille, il veut la consulter sur-le-champ ; Ploquet, enchanté de cette promesse, se cache dans le berceau de feuillage, afin d'écouter, sans être vu, la conversation dont il va devenir l'objet.

Maurin s'approche de Fleurette, qui, surprise et embarrassée, craint que le sentiment qui l'inspire n'ait été remarqué. Elle cherche à cacher la flèche aux yeux de son père. Celui-ci lui répète les propositions de Michel ; Fleurette s'en étonne et les repousse : elle n'aime que son père, et ne veut appartenir qu'à lui. Maurin insiste ; mais Fleurette, en pleurant, le supplie de renoncer à ce projet ; il y renonce.

On entend le son du galoubet et du tambourin : ce sont les villageois qui, selon l'usage du pays, escortent gaîment les jeunes filles au retour de la fontaine.

Maurin fait observer à sa fille qu'elle a oublié de s'y rendre. Elle peut y aller encore sans danger, car elle trouvera du monde sur la route ; Fleurette, pour réparer promptement cet oubli, se dispose à partir. Elle embrasse son père, après avoir rapporté de la maison le vase qu'elle doit aller remplir.

==

SCÈNE V.

Pendant qu'elle se dirige vers la montagne, Michel Ploquet reproche à Maurin d'avoir aussitôt abandonné sa cause. Celui-ci le console : cependant des affaires l'appellent à sa maison ; il prend congé de Michel Ploquet, il l'engage à revenir, et lui promet d'insister en sa faveur auprès de Fleurette. Ils se séparent.

Pendant cette scène, Henri ramené par son penchant pour la gentille bearnaise, s'approche de la maison, mais la présence de Maurin et de Ploquet l'oblige à retourner sur ses pas. Il aperçoit bientôt Fleurette, qui gravit le haut des montagnes ; il la suit et paraît l'appeler ; elle se retourne, le salue d'un geste et d'un sourire, puis, voyant qu'il se dirige vers elle, elle s'échappe, mais Henri la poursuit, et il disparaît bientôt avec elle.

==

SCÈNE VI.

Un des gens de la maison du prince sort du château, traverse la scène et vient frapper chez Maurin qui sort de chez lui. Le domestique presse Maurin de se rendre au château où l'attend le Gouverneur.

Maurin et le domestique entrent au château.

==

SCÈNE VII.

HENRI, FLEURETTE.

Ils descendent les montagnes. Leurs bras sont voluptueusement enlacés. C'est Henri qui porte le vase sur sa tête. Il n'y a plus entr'eux ni hésitation, ni embarras. Ils s'aiment avec confiance, et se le disent avec ivresse. Le sentiment qui les unit a chassé toute distance ; ils sont égaux, ils sont heureux ; mais ce bonheur, qu'ils doivent aux lois de la nature, leur sera bientôt ravi par les lois de l'orgueil.

Henri jure, par le ciel, de n'aimer jamais que Fleurette, et la tendre Béarnaise s'empresse de répéter un si doux serment ; mais, pour qu'il ait plus de force encore, le Prince veut le tracer sur ses tablettes ; il est promptement imité par sa belle, et cet acte d'union est scellé par un baiser. Cependant le jeune prince ne saurait oublier que son bonheur a commencé près de la fontaine de la Garenne. Il exige de Fleurette un nouveau rendez-vous. Fleurette refuse ; Henri lui montre son portrait ; elle veut qu'on le lui donne ; mais le rendez-vous désiré doit être le prix d'un si joli présent, Fleurette n'hésite plus. Le moment est fixé, c'est à huit heures du soir. Henri, enthousiasmé d'une promesse qui charme toutes ses pensées, veut exprimer sa reconnaissance, et c'est à genoux qu'il remercie son amante.

SCÈNE VIII.

HENRI, FLEURETTE, LE GOUVERNEUR, MAURIN.

En apercevant Henri de Béarn aux pieds de Fleurette, le Gouverneur et Maurin restent stupéfaits ; mais bientôt Florent-Chrétien sépare les deux amans et adresse à son élève les plus graves reproches : tandis qu'il essaie de lui faire comprendre l'élévation de son rang et l'éclat de sa naissance, Maurin fait à sa fille le tableau effrayant des dangers auxquels l'expose sa liaison avec le Prince. Henri n'est attentif aux remontrances de son précepteur que pour les combattre. Un sourire de Fleurette a plus de prix, à ses yeux, qu'un sceptre. Enfin, dans son exaltation amoureuse il se dépouille de ses nobles insignes et les remet dédaigneusement à son précepteur pour, tomber libre aux pieds de son amie.

=

SCÈNE IX.

A l'arrivée des nouveaux personnages, le Gouverneur, craignant que le jeune Prince ne soit surpris dans cette étrange attitude, le relève brusquement.

Daubigné remet à Florent un paquet cacheté ; le précepteur en fait la lecture seul. Les dispositions belliqueuses du jeune Prince n'ont pas échappé à sa sollicitude. Il espère que l'amour de la gloire l'emportera dans le jeune cœur de son élève, sur une passion naissante, et il s'empresse de remettre à Henri cette lettre qu'il reçoit de l'amiral Coligny.

A la lecture de ce message, la joie se peint dans les traits de Henri. Il presse affectueusement la main de Daubigné, tire son épée et jure qu'elle sera l'arme protectrice des opprimés.

Florent-Chrétien, heureux de cet enthousiasme, cherche à l'exalter encore. Maurin fait remarquer adroitement à Fleurette que déjà le cœur du jeune Prince est moins à l'amour qu'à la gloire.

Henri invite son ami à le suivre au château et donne quelques ordres pour célébrer le noble envoyé de l'amiral; puis il annonce à tous ceux qui l'entourent son prochain départ; s'approchant de Fleurette, il répète ses tendres sermens, il jure d'être toujours fidèle, et que les lauriers qu'il va cueillir lui sembleront plus glorieux et plus doux quand il viendra les déposer aux pieds de son amie.

Vaines promesses, tristes sermens! la pauvre Fleurette, éperdue, voudrait cacher son désespoir, mais un torrent de larmes trahit tous les secrets de son cœur. On l'emmène, et Henri, animé d'un courage prophétique, rentre au château pour ordonner les préparatifs du départ. Tout le monde le suit.

ACTE DEUXIÈME.

Le Théâtre représente l'une des brillantes salles du château.

SCÈNE PREMIÈRE.

HENRI DE BÉARN, D'AUBIGNÉ, LE PRÉCEPTEUR,
DAMES ET OFFICIERS DE LA COUR.

Henri préside aux honneurs du banquet, et célèbre, avec grâce et dignité l'arrivée du noble envoyé de Coligny.

Des danses égaient le festin.

On boit à Henri, à la France et aux premières armes du jeune Prince.

Après ces différens toasts, une musique se fait entendre dans les salles voisines. Henri invite ses illustres conviés à prendre part aux plaisirs dont on entend l'harmonieux signal ; tous les cavaliers présentent la main aux dames ; le Précepteur paraît moins attentif aux actions de Henri. Ce Prince, toujours occupé de son amour, profite de la confusion inséparable des nombreuses et bruyantes assemblées, pour courir au rendez-vous si désiré.

Le théâtre change et représente l'intérieur de la maison de Maurin, une porte et une fenêtre au fond, à droite et à gauche deux portes parallèles

SCÈNE II.

Maurin, désespéré, entre, suivi de Fleurette, qu'il accable de reproches ; elle se jette à ses pieds ; il la repousse, et demeure insensible à ses larmes. Certaine de n'être jamais l'épouse de celui qu'elle adore, elle fait le serment de renoncer à lui, et croit en donner la preuve par le plus grand sacrifice. Elle arrache de son sein le portrait de Henri, et le remet à Maurin, qui, touché d'un tel repentir, et rassuré par cette résolution, presse tendrement Fleurette sur son sein paternel.

SCÈNE III.

MAURIN, FLEURETTE, PLOQUET Fils.

Fleurette court au-devant de Ploquet, le regarde avec un sourire forcé, lui tend la main, et le conduit à son père, en promettant de l'épouser.

Ploquet fils, qui s'attendait à beaucoup de résistance, est tout étonné de cet heureux changement ; il demande à Fleurette si elle s'est décidée à l'aimer ; elle répond d'une manière affirmative, et accompagne sa réponse de caresses qui offrent quelqu'apparence de délire.

Mais Maurin croit au sincère retour de sa fille ; voulant profiter des dispositions favorables de Fleurette pour Ploquet fils, il l'invite à faire rédiger sur le champ l'acte de mariage et à ramener son père immédiatement pour la signature. Ploquet, fier d'un bonheur si inattendu, sort en manifestant la joie la plus vive.

SCÈNE IV.

Maurin, après avoir félicité Fleurette sur la sagesse de sa détermination, et préoccupé d'un projet qui paraît lui sourire, entre dans une chambre voisine.

Fleurette est seule ; plusieurs idées opposées agitent son esprit et son cœur ; tantôt elle sourit, et tantôt elle soupire ; elle s'abandonne enfin à une rêverie profonde, mais bientôt un léger bruit frappe son oreille ; elle se retourne..... tout à coup, la fenêtre s'ouvre ; un jeune homme, couvert d'un manteau, apparaît à ses yeux étonnés. C'est Henri !!! Toujours tendre, toujours brûlant, il rappelle à Fleurette sa promesse et son rendez-vous ; elle se trouble, elle refuse ; mais, surpris d'un changement dont il ne peut deviner la cause, Henri est prêt à s'élancer dans la chambre ; la jeune fille l'arrête ; la crainte de l'arrivée subite de son père, qu'elle attend, arrache encore à l'innocente Fleurette la fatale promesse de se rendre à la fontaine.

=

SCÈNE VI.

Henri s'esquive à l'approche de Maurin, mais sans fermer la fenêtre. Maurin tient une lettre cachetée et le portrait du Prince. L'apparition de Henri vient de ralumer une passion que la raison ne saurait éteindre. Fleurette jette un dernier regard sur cette image adorée, et toute son ame semble passer dans ses yeux.

=

SCÈNE VII.

Les précédens, PLOQUET père et PLOQUET fils.

Arrivent alors les deux Ploquet, et tandis que le père présente à Maurin le contrat de mariage, le fils aperçoit quelqu'un rôdant près de la fenêtre. Cette découverte paraît l'inquiéter ; cependant il se tait, et l'on procède à la signature de l'acte.

Tandis que chacun appose avec empressement, noms, prénoms et paraphes, Henri paraît de nouveau, Fleurette, qui, peut-être aurait encore hésité, ne peut plus obéir qu'à l'amour. Fleurette reçoit aussi la plume d'une main tremblante, mais c'est pour la briser et la jeter loin d'elle.

Tout le monde se lève étonné : Fleurette ne répond à toutes les questions que par le refus positif d'être à Michel Ploquet.

SURPRISE GÉNÉRALE.

Les prières, les larmes, la sévérité d'un père sont sans pouvoir auprès de Fleurette, et sa dernière résolution est désormais invariable.

Le père Ploquet ne comprend rien à ce qui se passe ; le fils se désole, et Maurin, pour le consoler, promet d'employer l'autorité paternelle: jamais, lui dit-il, Fleurette ne sera à un autre !

Les Ploquet sortent, et tandisque Fleurette se livre à la douleur la plus poignante, Maurin s'empare du portrait, exprime la résolution d'aller se jeter aux genoux du Prince, et de fuir les lieux témoins de la faiblesse de sa fille. Il sort en maudissant Fleurette qui s'attache à ses pas, et implore vainement un pardon qu'on refuse à son désespoir et à ses larmes.

==

Le théâtre change et représente une vallée, on apperçoit au 3.e où 4.e plan, à gauche, une grotte dont les accidens sont très-variés. La fontaine est placée entre deux arbres qui se croisent et s'enlacent à la cime. Une source abondante et rapide se brise sur les rochers et vient se perdre dans un vaste bassin, entouré de roseaux et de plantes aquatiques.

SCÈNE VIII.

Henri, qui a précédé Fleurette au rendez-vous, paraît incertain, inquiet ; il écoute, il soupire, il espère ; attentif au moindre bruit, la plus légère agitation du feuillage semble lui annoncer l'approche de ce qu'il aime. Enfin quelqu'un s'avance..... c'est elle, sans doute, il vole à sa rencontre..... O surprise ! c'est Florent-Chrétien ! Le précepteur a tout appris de Maurin, et sans s'expliquer d'abord, il remet froidement à Henri son portrait. Le Prince paraît confus, les justes reproches de Florent le touchent, il ouvre enfin les yeux sur les dangers et les chagrins auxquels son imprudent amour expose une famille qu'il estime et qui lui est chère. Cependant il combat encore entre l'amour et le devoir, mais ce dernier sentiment l'emporte. Il doit fuir, il le veut. Florent-Chrétien, fier de son triomphe, entraîne son vertueux élève; mais, au moment de sortir, ils aperçoivent Fleurette..... pour éviter sa rencontre, Florent-Chrétien fait cacher Henri dans la grotte.

Fleurette, triste et rêveuse, s'avance lentement. Elle vient prier Henri d'intercéder en sa faveur auprès de son père. Arrivée près de l'espèce de siége où elle s'est assise avec son bien-aimé, les plus doux souvenirs se retracent à sa mémoire; elle donne le signal convenu; tout reste muet autour d'elle. Nouveau signal, nouveau silence! elle s'étonne et s'alarme! Henri, qui n'a pu que difficilement vaincre son émotion, annonce à son gouverneur qu'il aura le courage de faire sur-le-champ le douloureux sacrifice que son devoir et l'avenir de Fleurette lui imposent. Il s'avance avec son précepteur; Fleurette, à cette double apparition, est interdite et troublée; mais sa surprise est bien plus grande encore lorsque Henri la supplie de l'oublier, et lui annonce son départ; il lui remet les précieuses tablettes renfermant leur double serment; la pauvre Fleurette, éperdue, les laisse échapper de ses mains. Florent-Chrétien, craignant tout de l'émotion du Prince, l'entraîne brusquement.

SCÈNE IX.

C'es alors que Fleurette commence à comprendre toute l'étendue de sa faute. Les reproches de son père se retracent à son esprit; dans ce moment cruel tout semble se réunir pour l'accabler. La lune a cessé d'aiclairer la grotte; des nuages épais ont déjà noirci le ciel; quelques éclairs et quelques grondemens sourds annoncent un violent ouragan. Le bruit du tonnerre devient pour la pauvre Fleurette une voix céleste et menaçante; sa frayeur augmente avec l'orage. Elle ne peut plus douter de la colère et de la vengeance du ciel; sa raison se trouble, elle veut mourir!...

Fleurette ramasse les tablettes, puis, à la lueur des éclairs, elle trace quelques mots à la hâte, et plante la flèche au bord de la fontaine, après y avoir attaché le funeste souvenir.

L'Absence de Fleurette a déjà répandu l'alarme; de tous côtés on est à sa recherche. Ceux des paysans qui se dirigeaient vers la fontaine y arrivent au moment où la malheureuse Fleurette va se précipiter dans les eaux du torrent. On parvient à l'en empêcher. Ses cris de désespoir ramènent Henri et Maurin. Le jeune Prince sollicite et obtient le pardon de Fleurette. *(Pendant cette scène, on aperçoit au fond du théâtre, traversant sur le pont, Florent-Chrétien, Daubigné et tous les hommes de la suite du Prince).* Celui-ci, après avoir dit un dernier adieu à Fleurette, rejoint ses compagnons d'armes et part pour Moncontour, où l'attend l'amiral Coligny.

TABLEAU.